UN MENSAJE
PARA TU MAMÁ

A MESSAGE TO YOU MOM

CONTENIDO

CONTENTS

AQUÍ Y AHORA

HERE AND NOW

TU NOMBRE COMPLETO YOUR FULL NAME	
FECHA DE HOY TODAY'S DATE	
EDAD AGE	
ALTURA HEIGHT	
COLOR DE OJOS EYE COLOR	
COLOR DE CABELLO HAIR COLOR	
EL PAÍS DONDE VIVES THE COUNTRY WHERE YOU LIVE	
LA CIUDAD DONDE VIVES THE CITY WHERE YOU LIVE	
EL LÍDER DE TU PAÍS THE LEADER OF YOUR COUNTRY	
¿CUÁL ES EL COSTO DE... WHAT IS THE COST OF...	
...UN PAN ...A LOAF OF BREAD	
...UNA BOLSA/CAJA DE LECHE ...A CARTON OF MILK	
...UN PERIÓDICO ...A NEWSPAPER	
...UN GALÓN DE GASOLINA ...A GALLON OF FUEL	
...UNA TASA DE CAFÉ ...A CUP OF COFFEE	

DÓNDE TODO COMENZÓ

WHERE IT ALL BEGAN

DÍA DE NACIMIENTO DATE OF BIRTH	
EL NOMBRE DE TU PADRE YOUR FATHER'S NAME	
EL NOMBRE DE TU MADRE YOUR MOTHER'S NAME	
PAÍS DE NACIMIENTO COUNTRY OF BIRTH	
CIUDAD DE NACIMIENTO CITY OF BIRTH	
NACIDA EN EL HOSPITAL O EN CASA BORN IN HOSPITAL OR AT HOME?	
TU PESO AL NACER YOUR BIRTH WEIGHT	

UNA PÁGINA PARA FOTOS Y MÁS RECUERDOS
A PAGE FOR PHOTOS AND MORE MEMORIES

NIÑEZ

CHILDHOOD

CUÉNTAME UN POCO ACERCA DEL LUGAR DONDE CRECISTE
TELL ME A LITTLE BIT ABOUT WHERE YOU GREW UP

¿A QUÉ SE DEDICABA TU MADRE?
WHAT DID YOUR MOTHER DO FOR WORK?

¿A QUÉ SE DEDICABA TU PADRE?
WHAT DID YOUR FATHER DO FOR WORK?

CUÉNTAME UN RECUERDO AFECTUOSO QUE TENGAS DE TU MADRE CUANDO ERAS NIÑA
TELL ME A FOND MEMORY OF YOUR MOTHER FROM WHEN YOU WERE A CHILD

CUÉNTAME UN RECUERDO AFECTUOSO QUE TENGAS DE TU PADRE CUANDO ERAS NIÑA
TELL ME A FOND MEMORY OF YOUR FATHER FROM WHEN YOU WERE A CHILD

CUÉNTAME UN RECUERDO AFECTUOSO QUE TENGAS DE TU ABUELA CUANDO ERAS NIÑA
TELL ME A FOND MEMORY OF YOUR GRANDMOTHER FROM WHEN YOU WERE A CHILD

CUÉNTAME UN RECUERDO AFECTUOSO QUE TENGAS DE TU ABUELO CUANDO ERAS NIÑA
TELL ME A FOND MEMORY OF YOUR GRANDFATHER FROM WHEN YOU WERE A CHILD

CUÉNTAME ALGO DE ALGÚN OTRO FAMILIAR QUE FUE IMPORTANTE PARA TI

TELL ME ABOUT ANY OTHER FAMILY WHO WERE IMPORTANT TO YOU

¿QUÉ PENSABAS QUE QUERÍAS SER CUANDO ESTABAS CRECIENDO?
WHEN YOU WERE GROWING UP, WHAT DID YOU THINK YOU WANTED TO BE?

_____

_____

_____

_____

_____

_____

_____

¿QUÉ ERA LO QUE MÁS TE GUSTABA COMER CUANDO ERAS NIÑA?
WHAT WAS YOUR FAVORITE THING TO EAT WHEN YOU WERE A CHILD?

_____

_____

_____

_____

_____

_____

¿CUÁL FUE ESE REGALO INOLVIDABLE QUE RECIBISTE DE NIÑA?
WHAT WAS THE MOST MEMORABLE GIFT THAT YOU RECEIVED AS A CHILD?

_____

_____

_____

_____

_____

_____

CUÉNTAME UNA LECCIÓN DE VIDA QUE TUS PADRES TE HAYAN ENSEÑADO
TELL ME ONE LIFE LESSON THAT YOUR PARENTS TAUGHT YOU

¡CUÉNTAME UNA ANÉCDOTA DE CUANDO FUISTE TRAVIESA O TE PORTASTE MAL!
TELL ME A STORY ABOUT A TIME WHEN YOU WERE NAUGHTY!

¿TUVISTE ALGUNA ENFERMEDAD GRAVE DE NIÑA?
DID YOU HAVE ANY SERIOUS ILLNESSES AS A CHILD?

_____

_____

_____

_____

_____

_____

_____

_____

_____

_____

_____

¿CUÁLES ERAN LAS COSAS QUE MÁS LES GUSTABA HACER COMO FAMILIA?
WHAT WERE YOUR FAVORITE THINGS TO DO TOGETHER AS A FAMILY?

_____

_____

_____

_____

_____

_____

_____

_____

_____

_____

_____

¿REALIZABAN JUEGOS JUNTOS COMO FAMILIA?
DID YOU PLAY GAMES TOGETHER AS A FAMILY?

¿VEÍAN TELEVISIÓN JUNTOS?- HÁBLAME DE ESTO
DID YOU WATCH TV TOGETHER - TELL ME ABOUT IT

¿CONTABAS CON TU PROPIA HABITACIÓN?
DID YOU HAVE YOUR OWN BEDROOM?

¿IBAN DE VACACIONES JUNTOS EN FAMILIA?
DID YOU GO ON VACATIONS TOGETHER AS A FAMILY?

CUÉNTAME SOBRE TUS VACACIONES FAVORITAS EN FAMILIA
TELL ME ABOUT YOUR FAVORITE FAMILY VACATION

UNA PÁGINA PARA FOTOS Y MÁS RECUERDOS
A PAGE FOR PHOTOS AND MORE MEMORIES

_____

_____

_____

_____

_____

_____

_____

_____

_____

_____

_____

UNA PÁGINA PARA FOTOS Y MÁS RECUERDOS
A PAGE FOR PHOTOS AND MORE MEMORIES

_____

_____

_____

_____

_____

_____

_____

_____

_____

_____

_____

UNA PÁGINA PARA FOTOS Y MÁS RECUERDOS
A PAGE FOR PHOTOS AND MORE MEMORIES

COLEGIO/ESCUELA

SCHOOL

¿CUÁL ERA EL NOMBRE DE TU PRIMER COLEGIO?
WHAT WAS THE NAME OF YOUR FIRST SCHOOL?

¿CUÁL ERA EL NOMBRE DE TU ÚLTIMO COLEGIO?
WHAT WAS THE NAME OF YOUR LAST SCHOOL?

¿EN QUÉ AÑO DEJASTE EL COLEGIO?
WHAT YEAR DID YOU LEAVE SCHOOL?

¿CUÁLES ERAN TUS NOTAS CUANDO TERMINASTE EL COLEGIO?
WHAT QUALIFIACTIONS DID YOU HAVE WHEN YOU LEFT SCHOOL?

¿QUIÉN ERA TU MEJOR AMIGO(A) EN EL COLEGIO?
WHO WAS YOUR BEST FRIEND AT SCHOOL?

_____

_____

_____

_____

CUÉNTAME MÁS SOBRE TU MEJOR AMIGO(A), ¿POR QUÉ ERAN TAN UNIDOS(AS)?
TELL ME MORE ABOUT YOUR BEST FRIEND, WHY WERE YOU SO CLOSE?

_____

_____

_____

_____

_____

_____

_____

_____

_____

_____

_____

_____

_____

_____

_____

_____

¿CUÁLES ERAN LAS CLASES QUE MÁS DISFRUTABAS Y POR QUÉ?
WHAT CLASSES DID YOU ENJOY THE MOST AND WHY?

¿CUALES ERAN LAS CLASES QUE NO DISFRUTABAS Y POR QUÉ?
WHAT CLASSES DID YOU NOT ENJOY AND WHY?

¿TUVISTE ALGÚN PROFESOR(A) FAVORITO(A)? ¿CUÁL ERA SU NOMBRE?
DID YOU HAVE A FAVORITE TEACHER, WHAT WAS THEIR NAME?

CUÉNTAME MÁS SOBRE TU PROFESOR(A) FAVORITO(A), ¿POR QUÉ TE GUSTABA?
TELL ME MORE ABOUT YOUR FAVORITE TEACHER, WHY DID YOU LIKE THEM?

CUÉNTAME UN ANÉCDOTA GRACIOSA DE CUANDO ESTABAS EN EL COLEGIO
TELL ME A FUNNY STORY FROM WHEN YOU WERE AT SCHOOL

UNA PÁGINA PARA FOTOS Y MÁS RECUERDOS
A PAGE FOR PHOTOS AND MORE MEMORIES

CRECIENDO

GROWING UP

¿QUÉ ERA IMPORTANTE PARA TI CUANDO ERAS ADOLESCENTE?
WHEN YOU WERE A TEENAGER WHAT WAS IMPORTANT TO YOU?

¿CÓMO TE GUSTABA VERTE, QUE ROPA VESTÍAS DE ADOLESCENTE?
WHAT DID YOU LOOK LIKE, WHAT CLOTHES DID YOU WEAR AS A TEENAGER?

¿QUÉ TE GUSTABA HACER DESPUÉS DE SALIR DEL COLEGIO CUANDO ERAS ADOLESCENTE?
WHAT DID YOU LIKE TO DO AFTER SCHOOL AS A TEENAGER?

¿TENÍAS ALGÚN PASATIEMPO O JUGABAS ALGÚN DEPORTE?
DID YOU HAVE ANY HOBBIES OR DID YOU PLAY ANY SPORT?

¿QUÉ HACÍAS LOS FINES DE SEMANA CUANDO ERAS ADOLESCENTE?
WHAT DID YOU DO AT WEEKENDS WHEN YOU WERE A TEENAGER?

CUANDO CONTABAS CON DINERO, ¿EN QUÉ TE GUSTABA GASTARLO?
WHEN YOU HAD MONEY, WHAT DID YOU LIKE TO SPEND IT ON?

¿QUÉ EDAD TENÍAS CUANDO OBTUVISTE TU PRIMER EMPLEO?
HOW OLD WERE YOU WHEN YOU GOT YOUR FIRST JOB?

¿CUÁL FUE TU PRIMER TRABAJO?
WHAT WAS YOU FIRST JOB?

¿RECUERDAS CUÁNTO TE PAGABAN EN TU PRIMER EMPLEO?
DO YOU REMEMBER HOW MUCH YOU WERE PAID IN YOUR FIRST JOB?

¿TRABAJAR Y TENER UNA CARRERA ERA IMPORTANTE PARA TI?
WAS WORK AND A CAREER IMPORTANT TO YOU?

CUÉNTAME UN POCO SOBRE OTROS TRABAJOS QUE TUVISTE
TELL ME A LITTLE BIT ABOUT THE OTHER JOBS THAT YOU HAD

¿TUVISTE ALGÚN TRABAJO QUE ODIABAS?
DID YOU HAVE ANY JOBS THAT YOU HATED?

CUÉNTAME ALGO VALIOSO QUE APRENDISTE DE TU CARRERA
TELL ME SOMETHING VALUABLE THAT YOU LEARNED FROM YOUR CAREER

UNA PÁGINA PARA FOTOS Y MÁS RECUERDOS
A PAGE FOR PHOTOS AND MORE MEMORIES

RELACIONES

RELATIONSHIPS

¿QUIÉN FUE TU PRIMER CRUSH? CUÉNTAME SOBRE ESTE
WHO WAS YOUR FIRST CRUSH? TELL ME ABOUT THEM

¿QUIÉN FUE LA PRIMERA PERSONA QUE BESASTE? ¿CUÁNDO Y DÓNDE?
WHO WAS THE FIRST PERSON THAT YOU KISSED, WHEN AND WHERE?

¿QUIÉN FUE TU PRIMER NOVIO Y CUÁNTOS AÑOS TENÍAS?
WHO WAS YOUR FIRST BOYFRIEND AND HOW OLD WERE YOU?

¿QUIÉN FUE EL PRIMER CHICO QUE TE ROMPIÓ EL CORAZÓN?
WHO WAS THE FIRST BOY TO BREAK YOUR HEART?

¿QUIÉN FUE TU PRIMER AMOR VERDADERO? CUÉNTAME SOBRE ESTE
WHO WAS YOUR FIRST TRUE LOVE? TELL ME ABOUT THEM

¿A DÓNDE FUISTE EN TU PRIMERA CITA?
WHERE DID YOU GO ON YOUR FIRST DATE?

¿QUÉ ERA LO QUE MÁS TE GUSTABA DE ÉL?
WHAT DID YOU LIKE MOST ABOUT HIM?

¿CUÁNDO DECIDIERON CASARSE TÚ Y PAPÁ?
WHEN DID YOU AND DAD DECIDE TO GET MARRIED?

CUÉNTAME COMO TE SENTISTE CUANDO DECIDISTE CASARTE
TELL ME HOW YOU FELT WHEN YOU DECIDED TO GET MARRIED

_____

_____

_____

_____

_____

_____

_____

_____

_____

_____

_____

_____

_____

_____

_____

_____

_____

¿DÓNDE Y EN QUÉ FECHA TE CASASTE?
WHERE AND ON WHAT DATE DID YOU GET MARRIED?

_____

_____

_____

_____

_____

UNA PÁGINA PARA FOTOS Y MÁS RECUERDOS
A PAGE FOR PHOTOS AND MORE MEMORIES

UNA PÁGINA PARA FOTOS Y MÁS RECUERDOS
A PAGE FOR PHOTOS AND MORE MEMORIES

CRIANZA DE LOS HIJOS

PARENTING

¿CUÁNTOS AÑOS TENÍAS CUANDO TUVISTE A TU PRIMER HIJO?
HOW OLD WERE YOU WHEN YOU HAD YOUR FIRST CHILD?

DESCRIBE CÓMO TE SENTISTE CUANDO TE ENTERASTE DE QUE IBAS A SER MAMÁ
DESCRIBE WHAT IT FELT LIKE WHEN YOU FIRST KNEW YOU WERE GOING TO BE A MOM

¿CUÁNTOS HIJOS PENSASTE QUE IBAS A TENER?
HOW MANY CHILDREN DID YOU THINK YOU'D HAVE?

CUÉNTAME UN RECUERDO AFECTUOSO DE CUANDO ESTUVISTE EMBARAZADA
TELL ME A FOND MEMORY FROM WHEN YOU WERE PREGNANT

¿ESTUVO CONTIGO PAPÁ CUANDO DISTE A LUZ?
WAS DAD WITH YOU WHEN YOU GAVE BIRTH?

¿CÓMO TE SENTISTE CUANDO IBAS A DAR A LUZ? ¿ESTABAS ASUSTADA?
HOW DID YOU FEEL WHEN YOU WERE ABOUT TO GIVE BIRTH, WERE YOU SCARED?

¿CÓMO REACCIONARON TUS PAPÁS CUANDO TUVISTE A TU PRIMER HIJO?
HOW DID YOUR PARENTS REACT WHEN YOU HAD YOUR FIRST CHILD?

¿CUÁLES FUERON TUS DESEOS PARA TUS HIJOS CUANDO ELLOS ERAN JÓVENES?
WHAT WERE YOUR HOPES FOR YOUR CHILDREN WHEN THEY WERE YOUNG?

¿QUÉ FUE LO QUE MÁS DISFRUTASTE DE SER MAMÁ?
WHAT DID YOU ENJOY MOST ABOUT BEING A MOM?

_____

_____

_____

_____

_____

_____

_____

_____

_____

_____

¿QUÉ PARTES DE SER MAMÁ FUERON DIFÍCILES?
WHAT PARTS OF BEING A MOM WERE DIFFICULT?

_____

_____

_____

_____

_____

_____

_____

_____

_____

_____

_____

CUÉNTAME UN POCO SOBRE LA VEZ EN LA QUE ESTUVISTE MÁS ASUSTADA COMO MAMÁ
TELL ME A LITTLE BIT ABOUT A TIME WHEN YOU WERE MOST SCARED AS A MOM

¿CUÁLES FUERON LOS MAYORES SACRIFICIOS QUE HICISTE COMO MAMÁ?
WHAT WERE THE BIGGEST SACRIFICES YOU MADE AS A MOM?

CUÉNTAME UN POCO SOBRE LO QUE TE HACE SENTIRTE ORGULLOSA DE SER MAMÁ
TELL ME A LITTLE BIT ABOUT WHAT MAKES YOU PROUD AS A MOM

UNA PÁGINA PARA FOTOS Y MÁS RECUERDOS
A PAGE FOR PHOTOS AND MORE MEMORIES

_____

_____

_____

_____

_____

_____

_____

_____

_____

_____

UNA PÁGINA PARA FOTOS Y MÁS RECUERDOS
A PAGE FOR PHOTOS AND MORE MEMORIES

_____

_____

_____

_____

_____

_____

_____

_____

_____

_____

_____

TU BANDA SONORA

YOUR SOUNDTRACK

¿TUS PADRES ESCUCHABAN MÚSICA CUANDO ERAS JOVEN?
DID YOUR PARENTS LISTEN TO MUSIC WHEN YOU WERE YOUNG?

¿QUIÉNES ERAN TUS ÍDOLOS MUSICALES CUANDO ERAS ADOLESCENTE?
WHO WERE YOUR MUSICAL ICONS AS A TEENAGER?

¿CUÁL FUE LA PRIMERA CANCIÓN O ÁLBUM QUE COMPRASTE?
WHAT WAS THE FIRST SONG OR ALBUM THAT YOU BOUGHT?

¿FUISTE A ALGÚN CONCIERTO ANTES DE TENER HIJOS?
DID YOU GO TO ANY CONCERTS BEFORE YOU HAD CHILDREN?

¿TÚ Y PAPÁ TIENEN ALGUNA CANCIÓN O PIEZA MUSICAL ESPECIAL?
DO YOU AND DAD HAVE A SPECIAL SONG OR PIECE OF MUSIC?

¿CUÁL FUE LA PRIMERA CANCIÓN QUE BAILASTE EN TU BODA?
WHAT SONG WAS YOUR FIRST DANCE AT YOUR WEDDING?

¿CUÁLES SON TUS TRES CANCIONES FAVORITAS?
WHAT ARE YOUR 3 FAVORITE SONGS?

¿CUÁLES SON TUS TRES ÁLBUMES FAVORITOS?
WHAT ARE YOUR 3 FAVORITE ALBUMS?

UNA PÁGINA PARA FOTOS Y MÁS RECUERDOS
A PAGE FOR PHOTOS AND MORE MEMORIES

TUS RECUERDOS Y ESPERANZAS

YOUR MEMORIES & HOPES

¿TUVISTE ALGÚN SUEÑO QUE SE HIZO REALIDAD?
DID YOU HAVE ANY DREAMS THAT CAME TRUE?

¿QUÉ HAS LOGRADO EN LA VIDA QUE TE HA HECHO SENTIR ORGULLOSA?
WHAT HAVE YOU DONE IN LIFE THAT HAS MADE YOU PROUD?

¿EXISTE ALGÚN MOMENTO DE TU PASADO QUE QUISIERAS REVIVIR?
IS THERE A MOMENT FROM THAT PAST THAT YOU WOULD LIKE TO RELIVE?

¿TIENES ALGÚN REMORDIMIENTO?
DO YOU HAVE ANY REGRETS?

ENUMERA ALGUNAS COSAS QUE AÚN TE GUSTARÍA HACER
LIST SOME OF THE THINGS THAT YOU WOULD STILL LOVE TO DO

SI HUBIERA ALGÚN CONSEJO QUE PUDIERAS DARME, ¿CUÁL SERÍA?

IF THERE WAS ONE PIECE OF ADVICE YOU WOULD GIVE ME, WHAT WOULD IT BE?

UNA PÁGINA PARA FOTOS Y MÁS RECUERDOS
A PAGE FOR PHOTOS AND MORE MEMORIES

UNA PÁGINA PARA FOTOS Y MÁS RECUERDOS
A PAGE FOR PHOTOS AND MORE MEMORIES

_____

_____

_____

_____

_____

_____

_____

_____

_____

_____

ESCRIBE UNA CARTA

WRITE A LETTER

ESCRIBE UNA CARTA CORTA PARA ALGUIEN DE TU PASADO QUE DEJÓ UNA ÚLTIMA IMPRESIÓN POSITIVA EN TU VIDA

WRITE A SHORT LETTER TO SOMEONE FROM YOUR PAST WHO LEFT A POSITIVE LASTING IMPRESSION ON YOUR LIFE?

ESCRIBE UNA CARTA CORTA PARA TUS HIJOS
WRITE A SHORT LETTER TO YOUR CHILDREN

ESCRIBE UNA CARTA CORTA PARA ALGUIEN MÁS QUE AMES
WRITE A SHORT LETTER TO SOMEONE ELSE THAT YOU LOVE

UNA PÁGINA PARA FOTOS Y MÁS RECUERDOS
A PAGE FOR PHOTOS AND MORE MEMORIES

UNA PÁGINA PARA FOTOS Y MÁS RECUERDOS
A PAGE FOR PHOTOS AND MORE MEMORIES

Made in the USA
Las Vegas, NV
27 January 2024

84999395R00057